オーブントースターで早ワザ料理

奥薗壽子

TOSHIKO OKUZONO
OVEN TOASTER COOKING

ソニー・マガジンズ

オーブントースターだからこそ
おいしく作れる料理を考えました

「パンを焼いたりお餅を焼いたり、買ってきたコロッケを温め直したり。あとはオーブントースターってほとんど使わないんです。おいしいおかずは作れませんか」。そんな質問をされたことがあります。確かにオーブントースターはキッチンでは脇役的存在。コンロ、もしくはコンロの下についているグリルがフル回転していても、オーブントースターはじ～っとしているままってことがよくあります。これって、もったいないですよね。また、煮ものを煮てみそ汁を作ろうと思ったら、これでもうコンロは2口ふさがってしまうわけだから、よっぽど段取りよく鍋を移動させていかないと、"熱いものを熱いうちに""できたてのおいしさ"を食卓に並べることはできません。

そこで登場させたいのがオーブントースター。オーブントースターでおかずを1品作れれば、キッチンでの作業が今までより効率よく回るはず。そんな理由からオーブントースターで作るおかずレシピを考えるようになりました。

でも、なんでもかんでも作っちゃえ、というわけではありません。煮たり揚げたり炒めたりはやっぱり鍋やフライパンを使った方がおいしくできると思うし、オーブンで作った方が断然おいしいものはオーブンで、グリルを使った方が早いものはグリルで…。だからこの本では"オーブントースターだからこそおいしくできる"ことにこだわりました。また、お弁当にも使えるように小さめのポーションにしています。ズボラ派が気軽に作れるものばかりを集めたつもりです。

食べたいときにすぐ作れるのがオーブントースタークッキングの魅力。この本が、毎日のおかず作りのヒントになってくれればと願っています。

ナマクラ流ズボラ派家庭料理研究家　奥薗壽子

TOSHIKO OKUZONO
OVEN TOASTER COOKING

CONTENTS

2　オーブントースターだからこそ
　　おいしく作れる料理を考えました

6　**ぬって焼く**
6　豚肉ロールのピリ辛みそ焼き
8　さばのねぎみそ焼き
10　鶏肉のマスタードマヨ焼き
11　鮭の梅マヨ焼き

12　**かけて焼く**
12　いきなりミートローフ
14　とんぺい焼き
16　ブロッコリーとソーセージのクリームコーン焼き
17　豆腐のとろろ焼き
18　かぶのじゃこドレッシング焼き
19　アスパラのツナマヨソース焼き

20　**まぶして焼く**
20　鶏肉のコーンフレーク焼き
22　貝柱のカリカリパン粉焼き
23　ちくわのカレー風味パン粉焼き
24　ポテサラのおかか焼き
25　厚揚げのおかか焼き

26　**チーズをのせて焼く**
26　ざく切りトマトのチーズ焼きwithご飯
28　じゃが芋の即席グラタン
29　アボカドのチーズ焼き
30　薄切り長芋のチーズ焼き
31　きのこのチーズ焼きwithバゲット
32　油揚げのピザ
33　麸のピザ

34　**ホイルに包んで焼く**
34　鮭のチャンチャン焼き風
36　豚肉ときのこの梅みそ焼き
38　えびとブロッコリーのガーリック焼き
39　かぼちゃのバターじょうゆ焼き

40　**シンプル素焼き**
40　ホクホクにんにく&にんにくディップ
42　焼きなす

43 焼きそら豆

漬けて焼く
44 簡単タンドリーチキン
46 なんちゃってチャーシュー
48 刺し身のローズマリー漬け焼き
49 さわらのみそマヨ漬け焼き

焼いて漬ける
50 焼きピーマンの南蛮漬け
52 焼き玉ねぎの和風マリネ

こんがりおにぎり
54 みそ風味　しょうゆ風味
55 ごま油風味　コチュジャンマヨ風味

トッピングトースト
56 ソーセージ&レタスのトースト
58 鮭&オニオンのトースト
59 じゃこ&スプラウトのトースト

天板ブレッド
60 フォカッチャ風ブレッド
62 チーズブレッド
64 バナナブレッド
66 にんじんブレッド
67 ポテトブレッド

クイックおやつ
68 パンプディング
70 うそのメロンパン
72 焼きチョコバナナトースト
73 すぐにラスク
74 焼き芋りんご
75 プチピザ

76 オーブントースターで裏ワザ

78 キッチンにある材料から探すINDEX

● 計量単位は、1カップ＝200cc、大さじ1＝15cc、小さじ1＝5ccです。
● オーブントースターは機種によってW数や庫内の大きさが違うので、レシピにはあえて調理時間を入れていません。

ぬって焼く
OVEN TOASTER COOKING

豚肉ロールのピリ辛みそ焼き

材料
（2人分）

豚ロース薄切り肉	150g
ニラ	½束
塩、こしょう	各少々
コチュジャンだれ	
みそ	大さじ1
はちみつ	大さじ1
コチュジャン	大さじ1
おろしにんにく	1片分
白炒りごま	適量

作り方

1. コチュジャンだれの材料は混ぜ合わせておく。
2. ニラは豚肉の幅に合わせて切る。
3. 豚肉を1枚ずつ広げて塩とこしょうをふり、ニラを適量ずつのせ、ロール状に巻く。
4. オーブントースターの天板にオーブンシートを敷き、3を並べ、コチュジャンだれをぬり、焦げ目がつくまで焼く。

みそ、はちみつ、コチュジャン、おろしにんにく、白炒りごまを混ぜ合わせてコチュジャンだれを作る。

塩とこしょうをした豚肉にニラをのせて、クルクルッと巻いて包む。ニラの代わりに万能ねぎでもいい。

コチュジャンだれをぬり、オーブントースターで焼く。天板にはオーブンシートを敷いた方が後片づけがラク。

コクのあるコチュジャンだれをぬって
香ばしく焼くのがポイント。
ニラたっぷりのスタミナ系だから
あとは白いご飯があれば立派な献立に

ちょっぴりクセのある青背の魚は
みそとの相性がバツグン！
万能ねぎの代わりに長ねぎの小口切りや
青じそのみじん切りを使ってもOK

さばのねぎみそ焼き

材料
（2人分）

さば	½身
ねぎみそ	
みそ	大さじ1
はちみつ	大さじ1
万能ねぎの小口切り	½束分
おろししょうが	1片分
ししとう	適量
ごま油	少々

作り方

1. さばは4〜6等分のそぎ切りにし、塩水に5分ほどつけてから水気を拭く。ししとうはごま油をぬる。
2. ねぎみその材料は混ぜ合わせておく。
3. オーブントースターの天板にオーブンシートを敷き、さばを並べてねぎみそをぬり、天板のすき間にししとうをおき、中まで火が通るまでこんがりと焼く。

さばは塩水に5分ほどつけて青背の魚独特の臭みを和らげる。これでほんのり塩味もつく。

みそ、はちみつ、万能ねぎの小口切り、おろししょうがを混ぜ合わせてねぎみそを作る。はちみつを入れるとコクのある味わいに。

さばにねぎみそをぬり、天板のすき間にごま油をぬったししとうをおき、オーブントースターで焼く。

鶏肉のマスタードマヨ焼き

材料
（2人分）

鶏胸肉	1枚
塩、こしょう	各少々
マスタードマヨネーズ	
マヨネーズ	大さじ2
粒マスタード	大さじ1

塩とこしょうをした鶏肉にマスタードマヨネーズをぬり、オーブントースターで焼く。

作り方

1. マスタードマヨネーズの材料は混ぜ合わせておく。
2. 鶏肉はひと口大のそぎ切りにする。
3. オーブントースターの天板にオーブンシートを敷き、鶏肉を並べて塩とこしょうをふり、マスタードマヨネーズをぬり、焼き色がついて中に火が通るまで焼く。

まろやかなマヨ味に粒マスタードの香りがプラスされて、飽きないおいしさ。
冷めてもおいしいからお弁当のおかずにも

鮭の梅マヨ焼き

いつもの焼き鮭にひと工夫した変わり焼き。
梅干しの風味がアクセントになって
思わず白いご飯をおかわりしそう！

材料（2人分）

生鮭	2切れ
塩	少々
梅マヨネーズ	
マヨネーズ	大さじ2
みりん	大さじ1
梅干し	1個

生鮭に梅マヨネーズをぬり、焼く。ソースは
端までぬらない方が鮭の色が見えてきれい。

作り方

1. 梅干しは細かく切り、マヨネーズ、みりんと混ぜて梅マヨネーズを作る。
2. 生鮭は軽く塩をふり、3〜4等分のそぎ切りにする。
3. オーブントースターの天板にオーブンシートを敷き、生鮭を並べ、梅マヨネーズをぬり、焼き色がついて中に火が通るまで焼く。

かけて焼く
OVEN TOASTER COOKING

いきなりミートローフ

買ってきたひき肉をそのままポンと器に移し、
卵とじゃが芋のすりおろしをかけて焼けば、
なんちゃってミートローフの完成。
なるほど！ 納得のおいしさです

材料
（2人分）

合いびき肉	200g
ケチャップ	適量
じゃが芋	1個
卵	1個
牛乳	大さじ4
塩、こしょう	各少々

作り方

1. グラタン皿に合いびき肉を入れて平らにし、ケチャップを薄くぬる。
2. じゃが芋は皮をむいてすりおろし、卵、牛乳と混ぜ合わせ、塩とこしょうをふる。
3. 1の上から2をかけてざっとならし、オーブントースターで焼き色がついて中に火が通るまで焼く。
4. 好みでケチャップを絞りかける。

合いびき肉を器に移す。買ってきたトレーを逆さにしてポンと移せばいい。牛ひき肉を使ってもいい。

じゃが芋のすりおろし、卵、牛乳を混ぜたものを上からかけ、ざっとならしてオーブントースターで焼く。

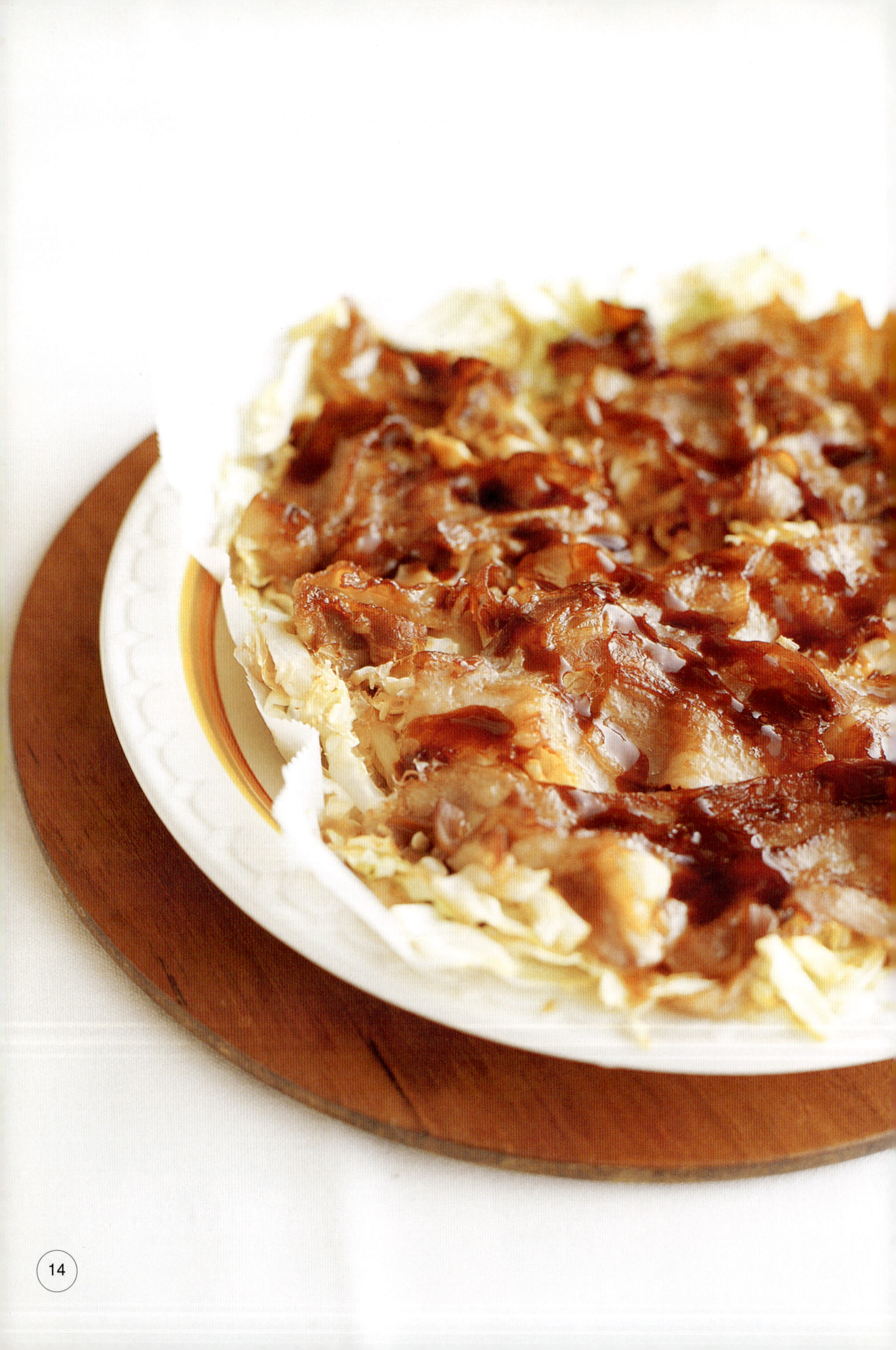

とんぺい焼き

薄く伸ばしたお好み焼き生地と卵で
豚バラ薄切り肉をはさんで焼いたものが、とんぺい焼き。
これを鉄板ではなく、オーブントースターで作っちゃう。
ひっくり返す手間がいらないのがうれしい

材料
（2人分）

豚バラ薄切り肉	200g
しょうゆ	少々
キャベツ	大2〜3枚
削り節	適量
生地	
小麦粉	大さじ4
水	½カップ
塩、こしょう	各少々
とんかつソースまたは中濃ソース	適量

作り方

1. 豚肉はしょうゆをかけて手でもんでおく。キャベツはざく切りにする。
2. 生地の材料は混ぜ合わせる。
3. オーブントースターの天板にオーブンシートを敷き、キャベツを広げてのせ、削り節をざっと混ぜる。
4. 2を全体に回しかけ、豚肉を広げてのせ、オーブントースターでこんがりと焼く。
5. オーブンシートごと器に移し、とんかつソースまたは中濃ソースをかける。

オーブンシートを敷いた天板にキャベツを広げてのせ、削り節をざっと混ぜる。

混ぜ合わせた生地を上から回しかける。生地はつなぎの役目なので少なめでいい。

下味をつけた豚肉を1枚ずつ広げてのせていき、オーブントースターで焼く。

ブロッコリーとソーセージのクリームコーン焼き

クリームコーン缶をソース代わりにしたアイディアレシピ。
ブロッコリーはゆでずにそのまま焼いてしまうから手間いらず

材料（2人分）

ブロッコリー	小1個
ソーセージ	4〜6本
クリームコーン缶	小1缶
マヨネーズ	適量

作り方

1. ブロッコリーは小房に分け、ソーセージは食べやすい長さに切る。
2. グラタン皿に1を入れ、クリームコーンをかけ、マヨネーズを絞り出し、オーブントースターでブロッコリーに火が通るまで焼く。

クリームコーンを缶から直接流しかけ、マヨネーズを格子状に絞り出し、オーブントースターで焼く。

豆腐のとろろ焼き

材料
(2人分)

絹ごし豆腐	1丁
しめじ	1パック
削り節	適量
長芋	300gくらい
ポン酢じょうゆ	適量
三つ葉のざく切り	少々

削り節、豆腐、しめじの上にとろろをかけて焼く。削り節を敷いておくと豆腐の水気を吸ってくれて水っぽくならない。

作り方

1. 豆腐はひと口大に切り、しめじは小房に分け、削り節を敷いたグラタン皿に入れる。
2. 長芋は皮をむいてビニール袋に入れ、袋の上からめん棒などでたたいて細かく砕いてとろっとさせる。口を縛って袋の端を切り、1の上に絞りかける。
3. 2をオーブントースターに入れ、長芋がモチッとしてくるまで焼く。
4. ポン酢じょうゆをかけ、三つ葉を飾る。

ひと口頬張れば、豆腐はフワフワ、とろろはホックホク!
ポン酢じょうゆであっさりといただきます

かぶのじゃこドレッシング焼き

材料（2人分）

かぶ	4個
ドレッシング	
オリーブオイル	大さじ2
酢	大さじ2
塩、こしょう	各少々
じゃこ	ひとつかみ
しょうゆ	少々

野菜をしっかり食べたい人に
うってつけのホットサラダがこれ。
カリカリッとした香ばしいじゃこが
おいしさ倍増のポイント

作り方

1. かぶは皮をむいて薄切りにする。かぶの葉があればざく切りにする。
2. ドレッシングの材料は混ぜ合わせる。
3. グラタン皿にかぶの葉を敷いてかぶを並べ入れ、ドレッシングをかけ、オーブントースターでじゃこがカリッとするまで焼く。
4. 好みでしょうゆをかけて食べる。

材料
（2人分）

アスパラガス　1束
ツナ缶　　　　小1缶
マヨネーズ　　適量
塩、こしょう　各少々

> ツナマヨと野菜を組み合わせた人気の定番。
> アスパラのほか、スナップえんどうやいんげん、
> ブロッコリーで作ってもおいしい

作り方

1. アスパラガスは根元に近いかたい部分を切り落とし、食べやすい長さに斜めに切る。
2. ツナ缶とマヨネーズを混ぜ合わせ、塩とこしょうで味を調える。
3. グラタン皿にアスパラガスを入れ、2をかけ、アスパラガスに火が通るまでオーブントースターで焼く。

アスパラのツナマヨソース焼き

まぶして焼く
OVEN TOASTER COOKING

鶏肉のコーンフレーク焼き

鶏肉は塩とこしょうし、マヨネーズとおろしにんにくをまぶして味をつける。マヨネーズをまぶしておくとコーンフレークもくっつきやすい。

コーンフレークを加え、まぶすようにしてくっつける。プレーンタイプのほか、玄米フレークを使っても香ばしくておいしい。

オーブンシートを敷いた天板に並べ、オーブントースターで焼く。コーンフレークが焦げすぎる場合は途中でアルミホイルをかぶせて。

材料
(2人分)

鶏胸肉	1枚
塩、こしょう	各少々
マヨネーズ	大さじ3
おろしにんにく	1片分
コーンフレーク（プレーン）	適量

作り方

1. 鶏肉は食べやすい大きさのそぎ切りにし、塩とこしょうをし、マヨネーズとおろしにんにくをまぶす。
2. 1にコーンフレークをくっつける。
3. オーブントースターの天板にオーブンシートを敷き、2を並べ、コーンフレークに焦げ色がついて鶏肉に火が通るまで焼く。

> 表面はサクサクッ、中はジューシー。鶏肉にマヨネーズとにんにくで下味をつけておくのがコツ。コーンフレークがくっつきやすく、コクのある味に仕上がります

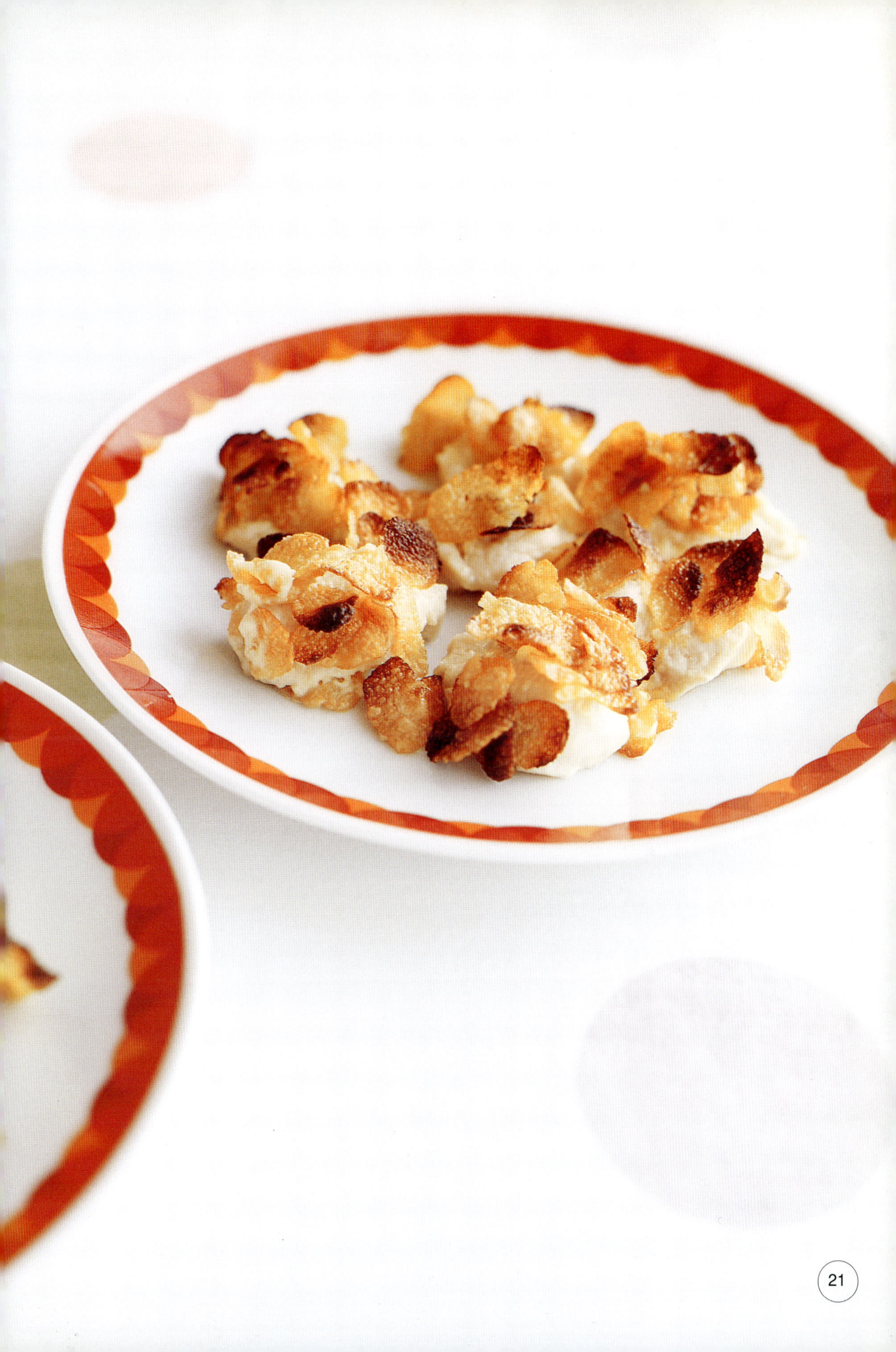

油を使っていないのにフライみたいな食べ心地。
それはカリカリパン粉とマヨネーズのおかげ。
えびやいか、白身魚の切り身でも同様に作れます

貝柱のカリカリパン粉焼き

材料
(2人分)

帆立貝柱	8個くらい
塩、こしょう	各少々
マヨネーズ	大さじ2
パン粉	大さじ2
パセリのみじん切り	適量
パルメザン粉チーズ	少々

作り方

1. 貝柱はそのまま、または半分の厚さに切り、塩とこしょうをふる。
2. 1にマヨネーズをまぶし、パン粉、パセリのみじん切り、粉チーズを加えて全体にまぶしつける。
3. オーブントースターの天板にオーブンシートを敷き、2を並べ、こんがりきつね色になるまで焼く。

塩とこしょうをした貝柱にマヨネーズをまぶす。たっぷりめにまぶす方がおいしい。

パン粉、パセリのみじん切り、粉チーズをまぶす。粉チーズは好みで入れても入れなくてもいい。

オーブンシートを敷いた天板に並べ、焼く。パン粉がカリッとするまで焼くとフライっぽくなる。

●パン粉焼きアレンジ
ちくわのカレー風味パン粉焼き
ちくわ4本をひと口大の斜め切りにし、マヨネーズ大さじ2とカレー粉大さじ1をまぶし、パン粉大さじ2を加えて全体にまぶしつけ、オーブンシートを敷いた天板に並べて焼く。

冷蔵庫に残っているポテサラがコロッケ風に変身！
ちょっぴり酸味がきいていて、クセになるおいしさ。
焼けたおかかの香りも食欲をそそります

●おかか焼きアレンジ
厚揚げのおかか焼き

厚揚げ1枚を食べやすく切り、マヨネーズ大さじ2をまぶしてから削り節適量を全面にまぶし、オーブンシートを敷いた天板に並べる。これを熱くしておいたオーブントースターに入れてスイッチを切り、削り節がパリッとするまで余熱で温める。しょうゆ少々をたらして食べる。

ポテサラのおかか焼き

材料
（2人分）

ポテトサラダ　200gくらい
削り節　　　　適量

作り方

1. ポテトサラダをコロッケのようにまとめ、削り節を全面にまぶし、オーブンシートを敷いた天板に並べる。
2. オーブントースターに何も入れないでスイッチを入れて熱くし、1を入れてスイッチを切り、削り節がパリッとするまで余熱で温める。

バットに削り節を広げ、コロッケのようにまとめたポテトサラダを入れる。

フライ衣をつけるような要領でポテトサラダに削り節をまぶす。コロッケ形をくずさないように。

チーズをのせて焼く
OVEN TOASTER COOKING

ざく切りトマトのチーズ焼き withご飯

ご飯の上にトマトのざく切りをのせる。トマトはできれば完熟のものを使って。

塩、こしょう、しょうゆをかけ、ピザ用チーズをのせる。スライスチーズでもいい。

焼きあがり。スプーンで全体に混ぜ、リゾット風にして食べるのがおいしい。

材料（2人分）

トマト	1個
ご飯（温かいもの）	茶碗2杯分
塩、こしょう、しょうゆ	各少々
ピザ用チーズ	適量

作り方

1. 耐熱容器にご飯を入れ、トマトをざく切りにしてのせ、塩、こしょう、しょうゆをかける。
2. ピザ用チーズをのせ、オーブントースターに入れ、トマトに火が通ってチーズがとけるまで焼く。
3. 全体に混ぜて食べる。

トマトのチーズ焼きだけでもおつまみになるけれど、
これをご飯の上にのせて焼けば立派な主食。
とろ〜りチーズとジューシーなトマトが
ご飯にからまってリゾット風になります

材料
（2人分）

じゃが芋	2個
玉ねぎ	½個
牛乳	大さじ4
マヨネーズ	大さじ2
塩、こしょう	各少々
ピザ用チーズ	適量
パセリのみじん切り	少々

作り方

1. じゃが芋は皮をむいて薄切りにし、玉ねぎも薄切りにする。
2. 牛乳、マヨネーズ、塩、こしょうは混ぜ合わせる。
3. グラタン皿に1を入れ、2を全体にかけてピザ用チーズをのせ、じゃが芋に火が通るまで焼く。途中チーズが焦げすぎるようならアルミホイルをかける。
4. パセリのみじん切りをふる。

とろ〜りなめらか、やさしい味わい。
ホワイトソースいらずだから、すっごく簡単

じゃが芋の即席グラタン

アボカドのチーズ焼き

アボカド、ベーコン、チーズのトリオが絶妙。
生で食べるにはまだかたいアボカドでもイケル!

材料
(2人分)

アボカド	1個
マヨネーズ	適量
ベーコン	2枚
ピザ用チーズ	適量

作り方

1. アボカドはふたつに切って種をとり、中身をくり抜いて適当な大きさに切り分け、マヨネーズであえる。
2. ベーコンは短冊に切る。
3. アボカドの皮を器代わりにして1を詰め、ピザ用チーズをのせ、ベーコンを散らし、オーブントースターでチーズが溶けるまで焼く。

薄切り長芋のチーズ焼き

材料
（2人分）

長芋	300gくらい
塩、こしょう	各少々
パルメザン粉チーズ	適量
オリーブオイル	大さじ1〜2

作り方

1. 長芋は皮を洗って薄い輪切りにする。
2. グラタン皿に長芋、塩とこしょう、パルメザン粉チーズの順に段々に重ねて入れていき、オリーブオイルをたらし、オーブントースターできつね色になるまで焼く。

このアツアツ、ホクホクの食感はやみつき。
長芋のおいしい食べ方をひとつマスター

きのこのチーズ焼き withバゲット

材料
（2人分）

きのこ（しめじ、えのきだけなど）
　1カップくらい
おろしにんにく　　少々
オリーブオイル　　大さじ2
塩、こしょう　　　各少々
ピザ用チーズ　　　適量
バゲットの薄切り　6枚

淡泊なきのこもチーズと組み合わせると
味に深みが出て、単なる脇役からワンランクアップ

作り方

1. しめじは小房に分け、えのきだけは根元を切り落としてほぐし、食べやすい長さに切る。
2. オーブントースターの天板にオーブンシートを敷いて1を広げ、おろしにんにく、オリーブオイル、塩、こしょうをかけてひと混ぜする。
3. ピザ用チーズをのせ、オーブントースターでチーズが溶けるまで焼く。
4. トーストしたバゲットに3を適量ずつのせる。

油揚げのピザ

材料
（2人分）

油揚げ	1枚
ベーコン	1枚
ピーマン	1/4個
ピザソース	適量
ピザ用チーズ	適量

作り方

1. ベーコンは細切りにし、ピーマンは種をとって食べやすい大きさの細切りにする。
2. 油揚げの上にピザソースをぬり、1を散らし、ピザ用チーズをのせる。
3. オーブントースターの天板にオーブンシートを敷き、2をのせ、チーズが溶けるまで焼く。
4. 4等分に切り分ける。

カリッと焼けた油揚げはピザさながら。
スナック感覚でパクパク食べちゃいそう！
油揚げの代わりに厚揚げで作ってもOK

麩のピザ

材料
（2人分）

麩（小さいもの）	40g
マヨネーズ	大さじ4
桜えび	大さじ2
ピザ用チーズ	適量

香ばしい桜えびと麩は絶妙のコンビ。
リクエストも多い奥薗家の定番メニュー

作り方

1. オーブントースターの天板にオーブンシートを敷き、麩を並べる。
2. ラップにマヨネーズをのせて端を持って茶巾に絞り、楊枝を刺して穴をあけ、麩の上に絞り出す。
3. ピザ用チーズをのせて桜えびを散らし、オーブントースターでチーズが溶けるまで焼く。

ホイルに包んで焼く
OVEN TOASTER COOKING

鮭のチャンチャン焼き風

**チャンチャン焼きは、鮭と野菜に
みそだれをかけて焼いた北海道の郷土料理。
ひとり分ずつアルミホイルに包んで焼くので
食事時間に間に合わなかった人の分も
すぐに作れてアツアツが食べられる**

材料
（2人分）

甘塩鮭	2切れ
キャベツ	大2〜3枚
しめじ	½パック
塩、こしょう	各少々
バター	大さじ2
レモンの薄切り	2枚
みそだれ	
みそ	大さじ4
牛乳	大さじ4
レモン汁	少々

作り方

1. キャベツは太めのせん切りにし、しめじは小房に分ける。
2. アルミホイルにサラダ油（分量外）を薄くぬり、キャベツをおいて塩とこしょうをふり、鮭をおく。
3. しめじを添え、バターとレモンをのせ、アルミホイルで包んでオーブントースターに入れ、鮭に火が通るまで蒸し焼きにする。
4. みそだれを混ぜ合わせてかける。

天板にアルミホイルを敷き、キャベツを広げてのせて塩とこしょうをし、その上に鮭をおく。

しめじを添え、バターとレモンをのせ、アルミホイルで包んでオーブントースターで焼く。

豚肉ときのこの梅みそ焼き

豚肉に梅みそだれをよくもみこんでから
蒸し焼きにするのが、おいしさのポイント。
豚肉のうまみが逃げない賢い調理法です。
ご飯のおかずにも酒の肴にもぴったり

材料
（2人分）

豚薄切り肉　200g
きのこ（しめじ、えのきだけなど）　適量
梅みそだれ
　みそ　　　大さじ2
　はちみつ　大さじ2
　梅肉　　　1個分
　ごま油　　大さじ1

作り方

1. 豚肉はひと口大に切り、梅みそだれの材料を加えて手でよくもむ。
2. きのこは食べやすい大きさにほぐし、1に混ぜる。
3. アルミホイルにサラダ油（分量外）を薄くぬり、2をのせて包み、オーブントースターに入れて豚肉に火が通るまで蒸し焼きにする。

豚肉は梅みそだれと混ぜて下味をつける。下味をつけておくと焼いてもパサッとしないでやわらかなまま。

しめじやえのきだけなどのきのこを加えて混ぜる。これをサラダ油をぬったアルミホイルに包んで焼く。

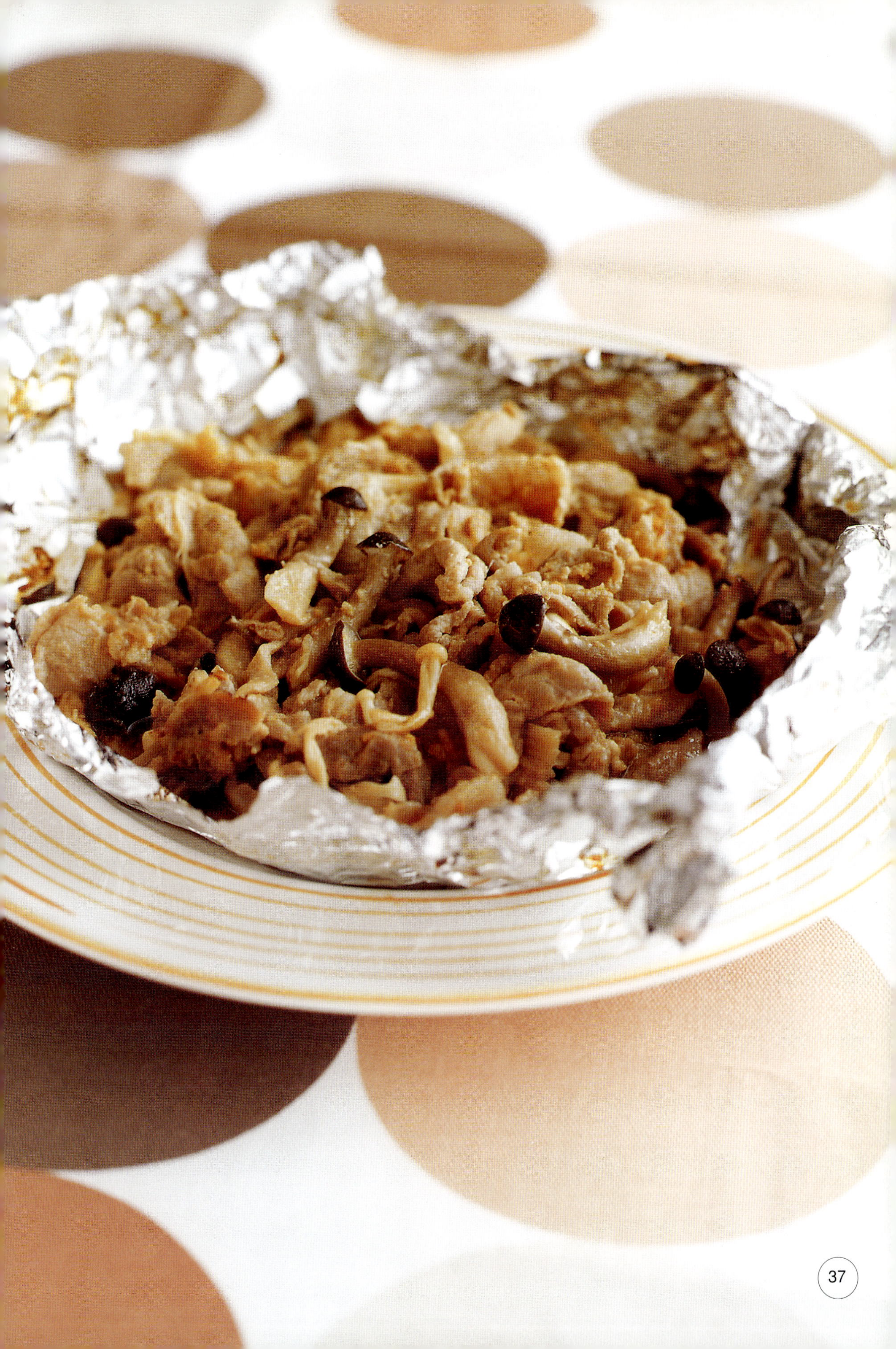

えびとブロッコリーの
ガーリック焼き

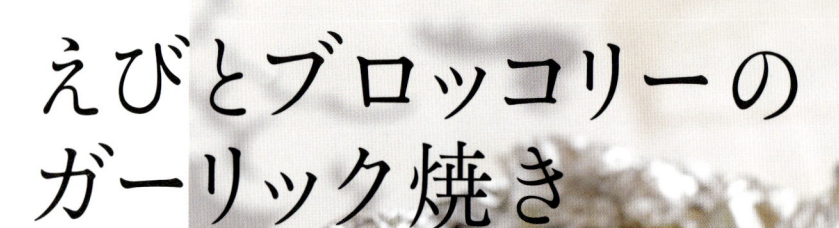

味つけは塩とこしょうだけのシンプルレシピ
オリーブオイルは香り高いエクストラバージンで

材料（2人分）

小えび	200g
ブロッコリー	小1個
にんにく	1片
塩、こしょう	各少々
オリーブオイル	適量

作り方

1. ブロッコリーは小房に分ける。にんにくは薄切りにする。
2. アルミホイルに1と小えびをのせ、塩とこしょうをふり、オリーブオイルをかける。
3. 全体に軽く混ぜ、アルミホイルで包んでオーブントースターに入れ、ブロッコリーに火が通るまで蒸し焼きにする。

ブロッコリー、小えび、にんにくに塩とこしょうをし、オリーブオイルを回しかけてアルミホイルで包んで焼く。ブロッコリーは早く火が通るよう小さめに切り分けるといい。

かぼちゃのバターじょうゆ焼き

材料（2人分）

かぼちゃ	1/8個
バター	大さじ1
しょうゆ	少々
はちみつ	小さじ1〜2

かぼちゃが早く火が通るよう、1cm程度の厚さの薄切りにする。同じくらいの厚さに揃えると火の通りが均一に。

作り方

1. かぼちゃは種とワタをとって1cm厚さに切る。
2. アルミホイルに1とバターをのせ、アルミホイルで包んでオーブントースターに入れ、かぼちゃに火が通るまで蒸し焼きにする。
3. しょうゆとはちみつをたらし、味をからめる。

焼いたかぼちゃは甘くってホクホク。
もう1品欲しいときのお弁当のおかずにも

シンプル素焼き
OVEN TOASTER COOKING

材料
（2人分）

ホクホクにんにく
　にんにく　　　1～2個
にんにくディップ
　マヨネーズ　　適量
　みそ　　　　　適量

作り方

1. にんにくは1片ずつに分け、薄皮がついたままオーブントースターの天板に並べ、焼く。焦げ色がついてきて中までやわらかくなったらできあがり。これがホクホクにんにく。
2. 1のホクホクにんにくの薄皮をとり、フォークの背などでつぶしてペースト状にする。
3. 半量ずつに分け、マヨネーズとみそをそれぞれ混ぜて2種類のディップを作る。
※ディップは、クラッカーやバゲット、野菜スティックなどにつけて食べる。

にんにくを薄皮ごと焼くとホクホクしてこれだけで立派なおつまみ。
さらにこれをつぶしてひと手間加えれば、にんにくディップの完成です

ホクホクにんにく＆
にんにくディップ

天板ににんにくをおいてオーブントースターで焼く。焼けたら取り出して薄皮をむけば、ホクホクにんにく。

ホクホクにんにくの薄皮をとってつぶし、マヨネーズやみそを混ぜれば、にんにくディップになる。

材料
（2人分）

なす	3本
削り節	適量
おろししょうが	少々
しょうゆ	適量

作り方

1. なすは洗い、水気がついたままオーブントースターの天板に並べ、皮が焦げるくらいまでしっかりと焼く。
2. 粗熱がとれるまでオーブントースターの中にそのまま入れておき、手で触れるくらいになったらヘタをとって皮をむく。
3. 食べやすくさいて器に盛り、削り節とおろししょうがをのせ、しょうゆをたらす。

なすは水気がついたまま天板に並べて焼く。皮が焦げるまでしっかり焼くと中はやわらか。

焼きなす

定番の焼きなすをオーブントースターで作っちゃう。焼き網を使うより簡単で失敗いらず

焼いただけのそら豆ってホントおいしい！
素材のうまみをストレートに味わうとっておき

焼きそら豆

材料
（2人分）

そら豆（さやつき）　7本くらい

作り方

1. そら豆は洗い、水気がついたままオーブントースターの天板に並べ、皮が焦げるくらいまでしっかりと焼く。
2. 粗熱がとれるまでオーブントースターの中にそのまま入れておき、手で触れるくらいになったらさやから出し、薄皮をむいて食べる。

さら豆は水気がついたまま天板に並べて焼く。水気がついていると焼いてもカサカサにならない。

漬けて焼く
OVEN TOASTER COOKING

簡単タンドリーチキン

冷蔵庫にある調味料だけでチャチャッと作れて
味わいは本格派。そんなレシピがこちら。
鶏肉にしっかり下味をつけておくのが
最大のポイント。冷めてもおいしい

材料
（2人分）

鶏もも肉	1枚
漬けだれ	
ケチャップ	大さじ1
カレー粉	大さじ1
しょうゆ	大さじ1
はちみつ	大さじ1
レモン汁	½個分
塩、こしょう	各少々

作り方

1. 鶏肉はひと口大に切る。
2. ビニール袋に漬けだれの材料を入れて混ぜ合わせ、1を加えて手でもみ、5分以上おいて下味をつける。
3. オーブントースターの天板にアルミホイルとオーブンシートを敷き、2を並べ、鶏肉にこんがり焼き色がつくまで焼く。

鶏肉はひと口大に切り分ける。小さめにきった方が早く味がしみ込み、火の通りも速い。

ケチャップ、カレー粉、しょうゆ、はちみつ、レモン汁、塩、こしょうで下味をつける。

なんちゃってチャーシュー

かたまり肉を使わないから、すっごく手軽。
豚肉の下に長ねぎを敷いて焼くと
肉のうまみと脂が長ねぎにも移って美味。
キーンと冷えたビールのおともに最高!

材料
(2人分)

豚もも肉（ポークソテー用）	200gくらい
漬けだれ	
しょうゆ	大さじ2
はちみつ	大さじ2
しょうが汁	1片分
おろしにんにく	1片分
レモン汁	½個分
長ねぎ	1本

作り方

1. 豚肉は食べやすい大きさに切る。
2. ビニール袋に漬けだれの材料を入れて混ぜ合わせ、1を加えて手でもみ、5分以上おいて下味をつける。
3. 長ねぎは斜め薄切りにする。
4. オーブントースターの天板にアルミホイルとオーブンシートを敷き、長ねぎを敷いて2を並べ、豚肉にこんがり焼き色がつくまで焼く。

しょうゆ、はちみつ、しょうが汁、おろしにんにく、レモン汁で下味をつける。

長ねぎの上に豚肉を並べ、オーブントースターで焼く。豚肉と長ねぎの相性はバッチリ。

刺し身のローズマリー漬け焼き

ローズマリーの香りがちょっぴり大人の味わい。
白身魚やえび、帆立貝柱でも同様に作れます

材料（2人分）

刺し身（まぐろ、いか）	10切れくらい
漬けだれ	
つぶしたにんにく	1片分
オリーブオイル	大さじ2
レモン汁	½個分
ローズマリー	適量
塩、こしょう	各少々
葉野菜（ベビーリーフなど）	適量
レモンのくし形切り	適量

作り方

1. ビニール袋に刺し身と漬けだれの材料を入れて手でもみ、10分以上おいて下味をつける。
2. オーブントースターの天板にオーブンシートを敷き、1を並べ、刺し身に火が通るまで焼く。
3. 葉野菜を敷いた器に盛りつけ、レモンを添える。

漬ける時間は10分〜1晩。夕飯で残った分を漬けてこの状態で冷蔵庫に入れておき、次の日に焼いても。

材料
（2人分）

さわら　　　　2切れ
漬けだれ
　みそ　　　　大さじ2
　マヨネーズ　大さじ2
プチトマト　　適量

作り方

1. ビニール袋にさわらと漬けだれの材料を入れ、10分以上おいて下味をつける。
2. オーブントースターの天板にオーブンシートを敷き、1を並べ、こんがりと焼く。
3. 器に盛り、半分に切ったプチトマトを添える。

みそとマヨネーズに漬けておくだけで、まろやかな味わい。みそ漬けを作るより簡単。

みそとマヨネーズに漬けた魚は
魚のクセが抜けて食べやすく、
焼いてもパサッとしないのがうれしい

さわらのみそマヨ漬け焼き

焼いて漬ける
OVEN TOASTER COOKING

焼きピーマンの南蛮漬け

焼いた野菜をたれに漬けておくと、香ばしさが
全体に広がっていつ食べても飽きないおいしさ。
アスパラ、いんげん、ししとうなど
冷蔵庫にある野菜を利用して手軽に作れます

材料
（2人分）

ピーマン	4個
ごま油	少々

漬けだれ
 めんつゆ（ストレートタイプ）　½カップ
 赤唐辛子　1本
 ごま油　大さじ1

作り方

1. ピーマンは種をとって4〜6つ割りにする。
2. 天板にオーブンシートを敷き、1をのせてごま油をまぶし、焼き色がほんのりつくまで焼く。
3. 漬けだれの材料を混ぜ合わせ、2をアツアツのうちに漬け込み、味をなじませる。

ピーマンは素焼きして火を通す。ひっくり返す手間がないので網で焼くより手軽。

めんつゆ、赤唐辛子、ごま油に漬け込む。酸っぱいのが好きな人は酢を加えても。

焼き玉ねぎの和風マリネ

材料
（2人分）

玉ねぎ　　　　　1個
ごま油またはオリーブオイル　少々
ポン酢じょうゆ　適量
削り節　　　　　適量

作り方

1. 玉ねぎはくし形に切る。
2. 天板にオーブンシートを敷き、1をのせてごま油またはオリーブオイルをまぶし、焼き色がほんのりつくまで焼く。
3. アツアツのうちにポン酢じょうゆに漬けて味をなじませる。
4. 器に盛って削り節をふる。

玉ねぎは細めのくし形に切って、これを素焼きする。小玉ねぎで作ってもいい。

ポン酢じょうゆに漬ける。サラダ風にして食べたいときは5分、しっかりマリネしたいときは1時間以上。漬け込む時間は好みで。

焼いた玉ねぎは甘さが際立って、うまみもギュッと凝縮。
これをポン酢じょうゆにさっと漬けて、
あっさり和風サラダ風に仕上げます。
もう1品小鉢が欲しい、そんなときのお助けおかずに。

こんがりおにぎり
OVEN TOASTER COOKING

みそ風味

オーブントースターで焼くと
ご飯がふっくらやさしい感じ。
好みのみそを使ってどうぞ

ご飯をにぎり、上面にみそをぬり、オーブントースターでみその焼けた香りがしてくるまで焼く。

しょうゆ風味

表面がカリカリッとなるまで
しっかりめに焼くのがオススメ。
好みでご飯に削り節を混ぜても

ご飯をにぎり、しょうゆを多めにたらし、オーブントースターでしょうゆの焦げた香りがしてくるまで焼く。

ごま油風味

ごま油の風味が香る塩味にぎりは
ちょっぴり韓国風の味わい。
のりを巻いて食べてもおいしい

ご飯をにぎり、ごま油と塩を混ぜたものをぬり、オーブントースターで表面がほんのり色づくまで焼く。手に塩をつけてご飯をにぎり、ごま油をぬって焼いてもいい。

コチュジャンマヨ風味

いつものみそ味に飽きたらこれ。
コチュジャン&マヨネーズの
コクまろコンビが人気です

ご飯をにぎり、コチュジャンとマヨネーズを好みの割合で混ぜてぬり、オーブントースターでコチュジャンの焼けた香りがしてくるまで焼く。白炒りごまを混ぜても。

トッピングトースト
OVEN TOASTER COOKING

シャキシャキレタスたっぷりがポイント。
オーブントースターひとつで
パパッと朝ご飯のできあがり!
レタスの代わりにキャベツを使っても

ソーセージ&レタスのトースト

材料
（2人分）

ソーセージ	4〜8本
レタス	大2枚
ケチャップ	適量
粒マスタード	適量
ピザ用チーズ	ふたつまみ
食パン	2枚

作り方

1. ソーセージは、太いものは縦半割りにする。レタスは太めのせん切りにする。
2. ケチャップと粒マスタードは混ぜ合わせる。
3. 食パンに2をぬり、レタス、ソーセージ、ピザ用チーズの順にのせ、オーブントースターでチーズが溶けるまで焼く。

レタスは加熱するとカサが減るので多めにトッピングして。

ソーセージとピザ用チーズをのせてオーブントースターで焼く。

鮭&オニオンのトースト

お弁当用に焼いた鮭がちょっぴり残った、そんなときに思いついたレシピがこれ。カレーのほのかな風味がアクセント

材料
（2人分）

焼き鮭	1/2切れ分
玉ねぎ	1/4個
マヨネーズ	適量
カレー粉	少々
ピザ用チーズ	ふたつまみ
食パン	2枚

作り方

1. 焼き鮭は皮と骨をとってほぐす。玉ねぎは薄切りにして水にさらし、水気をきる。
2. マヨネーズにカレー粉を混ぜる。
3. 食パンに2をぬり、焼き鮭、玉ねぎ、ピザ用チーズの順にのせ、オーブントースターでチーズが溶けるまで焼く。

この状態でオーブントースターへ。チーズはスライスチーズでもパルメザン粉チーズでもいい。

材料
(2人分)

焼きのり	½枚
じゃこ	適量
スプラウト(好みのもの)	適量
マヨネーズ	少々
ピザ用チーズ	ふたつまみ
食パン	2枚

作り方

1. 焼きのりはちぎり、スプラウトは根元を切り落とす。
2. 食パンにマヨネーズをぬり、焼きのり、じゃこ、スプラウト、ピザ用チーズの順にのせ、オーブントースターでチーズが溶けるまで焼く。

この状態でオーブントースターに入れて焼く。スプラウトはたっぷりめにのせるのがおいしい。

焼きのりとじゃこを使った和風版。じゃこの代わりに薄切りのちくわ、スプラウトの代わりに貝割れ菜でも

じゃこ&スプラウトのトースト

天板ブレッド
OVEN TOASTER COOKING

フォカッチャ風ブレッド

生地にオリーブオイルを加えて作るちょっぴりイタリアンなパン。オリーブオイル＋自然塩をつけてパクッと頬張るのがおすすめ

材料
（2人分）

卵	1個
オリーブオイル	大さじ3
砂糖	大さじ½
塩	小さじ½
牛乳	大さじ3
小麦粉	1カップ
ベーキングパウダー	小さじ1
スタッフドオリーブまたはブラックオリーブ	適量

作り方

1. ビニール袋に小麦粉、ベーキングパウダー、オリーブ以外の材料を入れ、手でもみながらよく混ぜる。
2. 1に小麦粉とベーキングパウダーを加えてさらに混ぜる。
3. 袋の口をねじって縛り、角をハサミで切り、アルミホイルとオーブンシートを敷いた天板に絞り出して薄くのばす。
4. 表面を平らにし、オリーブを輪切りにしてのせ、オーブントースターで表面がきつね色になるまで焼く。

※そのまま、またはオリーブオイルと塩をつけて食べる。

オーブンシートを敷いた天板に生地を薄く流す。

輪切りにしたオリーブをところどころにのせる。

焼きあがり。粗熱がとれてからシートをはがす。

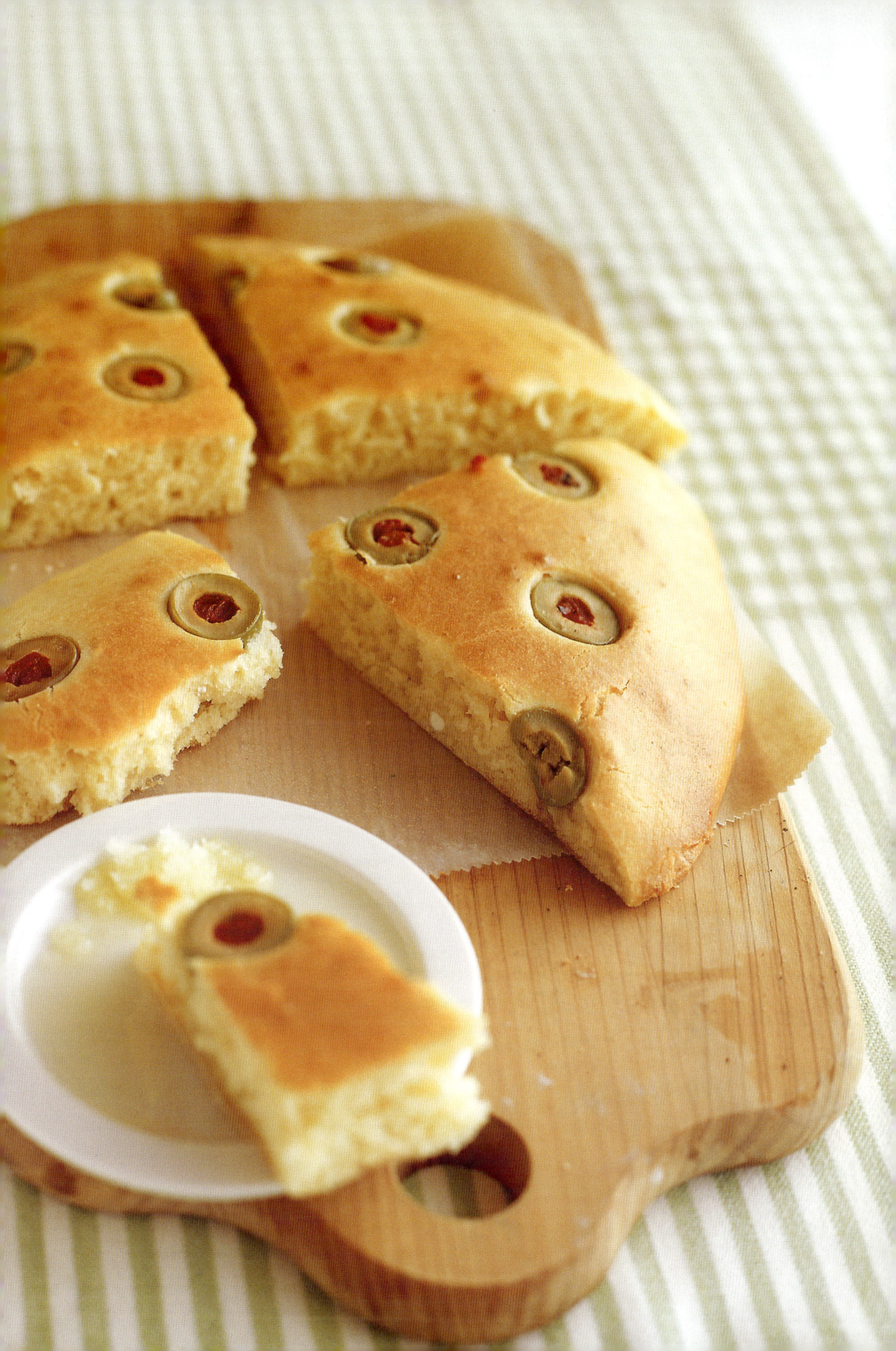

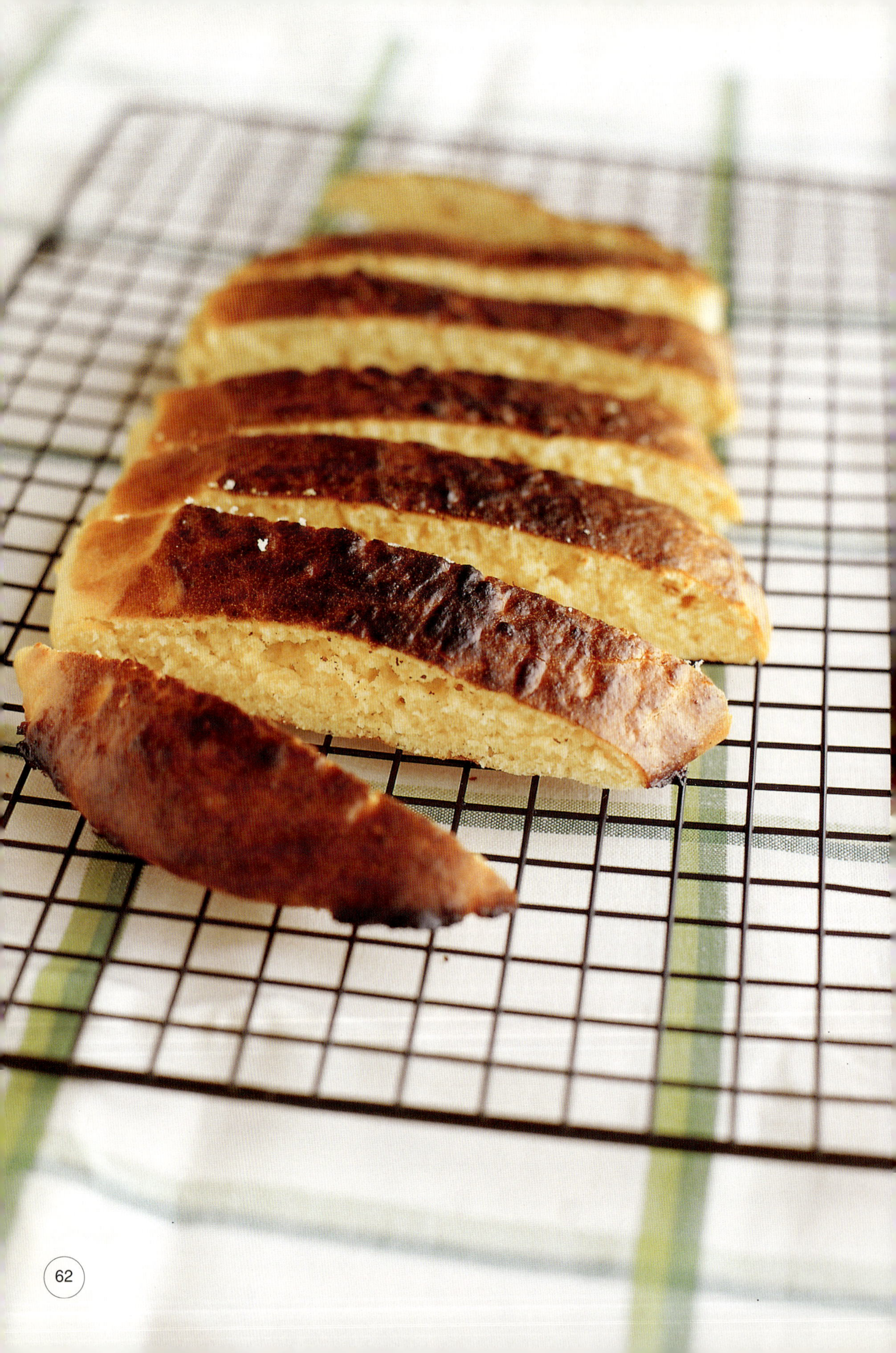

チーズブレッド

粉チーズとマヨネーズが入っているから
コクがあってクセになる味。
さらにしっかりめに焼いて香ばしさをプラス。
アツアツでも冷めてからでもおいしい

材料
(2人分)

卵	1個
砂糖	大さじ1
牛乳	大さじ3
マヨネーズ	大さじ3
塩	ひとつまみ
パルメザン粉チーズ	大さじ3
小麦粉	1カップ
ベーキングパウダー	小さじ1

作り方

1. ビニール袋に小麦粉とベーキングパウダー以外の材料を入れ、手でもみながらよく混ぜ合わせる。
2. 1に小麦粉とベーキングパウダーを加えてさらに混ぜる。
3. 袋の口をねじって縛り、角をハサミで切り、アルミホイルとオーブンシートを敷いた天板に絞り出す。
4. 表面を平らにし、オーブントースターでこんがり焼き色がつくまで焼く。

卵、砂糖、牛乳、マヨネーズ、塩、パルメザン粉チーズをビニール袋に入れて混ぜる。このあと小麦粉とベーキングパウダーも混ぜる。

天板に生地を移し、ゴムべらで平らに広げる。天板にはアルミホイルとオーブンシートを敷いておく。

これが焼きあがり。焼き加減は好みでいいけれど、しっかりめに焼いた方が香ばしくなっておいしい。

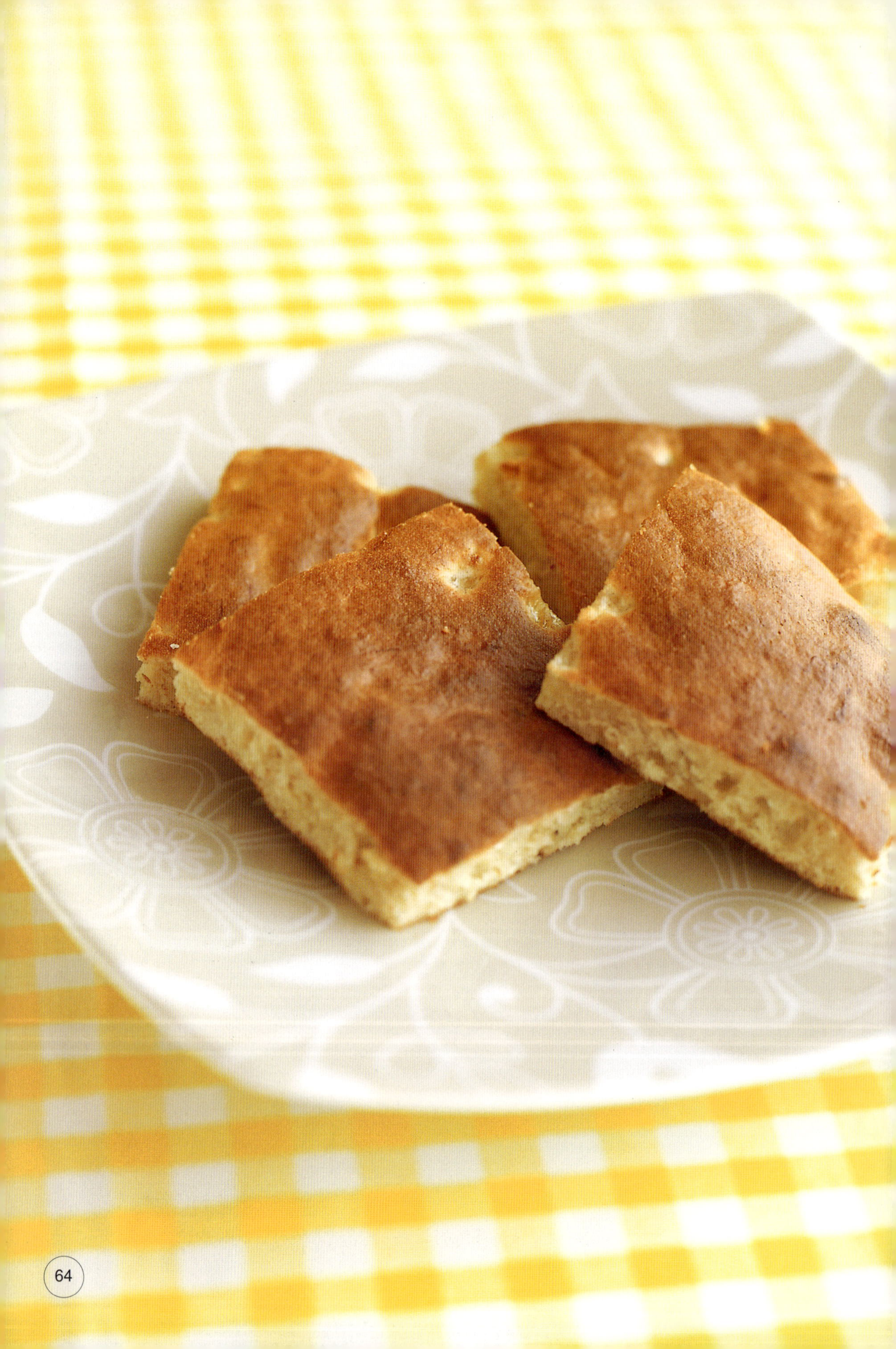

バナナブレッド

ちょっぴり甘めのバナナバージョンは
朝ご飯にもおやつにも夜食にも大活躍。
包丁もまな板もボウルも一切なし、
ビニール袋だけで生地が作れるのもうれしい

材料
（2人分）

バター	大さじ3
砂糖	大さじ3
卵	1個
バナナ	1本
小麦粉	1カップ
ベーキングパウダー	小さじ1

作り方

1. ビニール袋にバターを入れて手でもみ、やわらかくなったら砂糖を加えてさらにもむ。
2. 卵を加えてさらにもみ、皮をむいて2〜3つにちぎったバナナを入れて、つぶしながらもみ込むようにして混ぜる。
3. 2に小麦粉とベーキングパウダーを加えて全体に混ぜる。
4. 袋の口をねじって縛り、角をハサミで切り、アルミホイルとオーブンシートを敷いた天板に絞り出す。
5. 表面を平らにし、オーブントースターできつね色になるまで焼く。

バター、砂糖、卵を混ぜたら、ちぎったバナナを加える。手でつぶしながら混ぜ、そのあと小麦粉とベーキングパウダーも混ぜる。

ビニール袋の角をハサミで切り、オーブンシートの上に絞り出して平らにならす。ボウルいらずなのですっごく手軽。

これが焼きあがり。粗熱がとれてからシートをはずし、食べやすい大きさに切り分ける。ホイップクリームやはちみつを添えても。

材料（2人分）

バター	大さじ3
砂糖	大さじ3
にんじん	1本
卵	1個
小麦粉	1カップ
ベーキングパウダー	小さじ1

バナナブレッドのバナナをにんじんに変えたレシピ。にんじん嫌いな子供たちも、これならへっちゃら

作り方

1. ビニール袋にバターを入れて手でもみ、やわらかくなったら砂糖を加えてさらにもむ。
2. にんじんをすりおろしながら加えてさらにもみ、卵を入れてさらにもむ。
3. 2に小麦粉とベーキングパウダーを加えて全体に混ぜる。
4. 袋の口をねじって縛り、角をハサミで切り、アルミホイルとオーブンシートを敷いた天板に絞り出す。
5. 表面を平らにし、オーブントースターできつね色になるまで焼く。

にんじんブレッド

ポテトブレッド

材料（2人分）

卵	1個
オリーブオイル	大さじ3
じゃが芋（皮をむいてすりおろしたもの）	1個分
砂糖	大さじ½
塩	小さじ½
牛乳	大さじ3
小麦粉	1カップ
ベーキングパウダー	小さじ1

キッチンに1個だけ残っていたじゃが芋を生地に入れてみたら、しっとりモチッ！

作り方

1. ビニール袋に小麦粉とベーキングパウダー以外の材料を入れ、手でもみながらよく混ぜる。
2. 1に小麦粉とベーキングパウダーを加えてさらに混ぜる。
3. 袋の口をねじって縛り、角をハサミで切り、アルミホイルとオーブンシートを敷いた天板に絞り出す。
4. 表面を平らにし、オーブントースターで焼き色がつくまで焼く。

クイックおやつ
OVEN TOASTER COOKING

パンプディング

オーブンやカスタードソースがなくっても大丈夫。
オーブントースターと身近な素材だけで
満足度100%のおやつがチャチャッと作れます。
かたくなってしまったバゲットでも十分！

材料
（2人分）

バゲット（2〜3cm厚さのもの）	4切れ
フルーツ缶（好みのもの）	小1缶
牛乳	適量
卵	2個

作り方

1. バゲットはひと口大に切る。
2. フルーツ缶はフルーツとシロップに分け、フルーツはひと口大に切る。シロップは牛乳を加えて1½カップにし、卵を混ぜる。
3. バットにバゲットを入れ、2の牛乳液を注ぎ、バゲットが水分を吸うまでおく。
4. 耐熱容器に3とフルーツを入れ、アルミホイルをかぶせ、オーブントースターで10分ほど焼き、アルミホイルをとって焼き色がつくまでさらに焼く。

※好みではちみつやレモン汁をかけてもいい。

フルーツ缶のシロップ、牛乳、卵を混ぜ合わせ、バゲットが水分を吸ってやわらかくなるまで浸しておく。

やわらかくなったバゲットとフルーツを耐熱容器に入れる。1人分ずつ作っても2人分いっしょに作ってもいい。

アルミホイルをかぶせて焼く。はじめにアルミホイルをかぶせるとしっとり仕上がり、焦げすぎ防止にもなる。

うそのメロンパン

奥薗家のおやつに頻繁に登場するのがこちら。
普通のバターロールを使った
目からウロコのアイディアレシピ。
ひと口食べてみると、やっぱりメロンパン!

材料
（2人分）

バター	大さじ4
砂糖	大さじ8
溶き卵	大さじ1
小麦粉	160g
ロールパン	8個
グラニュー糖	適量

作り方

1. ビニール袋にバターを入れて手でもみ、やわらかくなったら砂糖、溶き卵の順に加えてさらにもみ、小麦粉を加えて全体に混ぜる。
2. 袋から取り出してラップにはさみ、めん棒で薄く伸ばし、8つに切る。
3. ロールパンにラップをとった2を1枚ずつかぶせ、包丁で格子状に模様を入れ、グラニュー糖をふる。
4. オーブントースターの天板にオーブンシートを敷き、3を並べ、焼き色がつくまで焼く。

バター、砂糖、溶き卵、小麦粉を混ぜ合わせて生地を作り、ラップにはさんで薄く伸ばす。

8つに切り、ロールパンにかぶせて格子状に模様を入れる。これをオーブントースターで焼き上げる。

材料
(2人分)

板チョコレート	適量
バナナ	1〜2本
食パン	2枚
はちみつ	少々

作り方

1. 板チョコレートは適当な大きさに割る。バナナは輪切りにする。
2. 食パンにはちみつをたらし、バナナを並べ、板チョコレートを散らす。
3. オーブントースターの天板にオーブンシートを敷き、2をのせ、チョコレートが焼けて溶けはじめるまで焼く。

焼いたチョコレートはカカオの風味が際立っていつもとは違ったおいしさ。ちょっぴり懐かしい味わい

焼きチョコバナナトースト

すぐにラスク

材料
（2人分）

カステラ(1～2cm厚さに切ったもの)　4切れ

作り方

1. カステラは食べやすい大きさに切る。
2. オーブントースターの天板にオーブンシートを敷き、1をのせ、水分が飛んでこんがり焼き色がつくまで焼く。

ホントにこんなに簡単でいいの？
そんなオーブントースターマジック
カステラはもともと甘いから
余分な味つけが一切いらないのが魅力

さつま芋とりんごをアルミホイルにのせて包み、焼く。包んで焼くと蒸し焼き状態になり、水分が逃げないのでやわらかく仕上がる。好みでシナモンをふってもいい。

材料
(2人分)

さつま芋	2cm
りんご	1/4個
はちみつ	適量
溶かしバター	適量
レモン汁	少々

作り方

1. さつま芋は皮つきのまま5mm〜1cm厚さのいちょう切りにする。りんごは皮をむいて5mm厚さのいちょう切りにする。
2. 天板にアルミホイルを敷き、1をのせてアルミホイルで包み、さつま芋に火が通るまで焼く。
3. 器に盛り、はちみつ、溶かしバター、レモン汁をかける。

定番の焼き芋と焼きりんごを
コンパクトに合体させた簡単おやつ。
アルミホイルに包んで
蒸し焼きにするのがポイント

焼き芋りんご

プチピザ

パリパリッとしたぎょうざの皮が身上の駄菓子屋風。甘いvs.甘くない、どっちから先に食べるか迷っちゃう

材料（2人分）

ぎょうざの皮		6枚
A	グラニュー糖、シナモンパウダー	各適量
B	マヨネーズ、おぼろ昆布	各適量
C	ピザソース、ピザ用チーズ	各適量

作り方

1. ぎょうざの皮にA、B、Cの具をそれぞれのせる。
2. 天板にオーブンシートを敷き、1を並べ、ぎょうざの皮がパリッとするまで焼く。

今回のトッピングは3種。ピーナツバター、いちごジャム、クリームチーズ、練りごま、わさび漬けなどをぬってもおいしい。

オーブントースターで裏ワザ

毎日のご飯を作っているうちに奥薗家の常識になった、
オーブントースターの使い方あれこれ。
"もっと手早く" "もっとおいしく" の発想から生まれたアイディアがキラリ!

●パンを温める

ロールパンやホットドッグ、ハンバーガーやお総菜パンなど、食パンより厚みのあるパンは、中がまだ温かくならないうちに表面だけが焦げてしまいがち。そこでオススメなのが、余熱で温める方法。オーブントースターに何も入れずに5分ほど加熱し、庫内がガンガンに熱くなったらタイマーを止め、オーブンシートを敷いた天板にパンを並べて余熱で温めます。

●揚げものを温め直す

コロッケや春巻きなどの揚げものは、やっぱりアツアツ、サクサクがおいしい。でもオーブントースターや電子レンジで温め直すとサクサク感がなくなって油っこい食べ心地になってしまいます。そんなときは、オーブンシートを敷いた天板に揚げものをおき、1〜2分加熱し、タイマーが止まってもすぐに出さず、さらに余熱で温めます。この二段構えがおいしさの秘訣。

●ナッツやごまを炒る

アーモンドやクルミなどのナッツ類、ごまは、そのまま料理やお菓子に使うより炒ってから使った方が香ばしくなっておいしい。でも、そのためにわざわざオーブンを使うのは面倒。だったらオーブントースターにおまかせ。オーブンシートを敷いた天板に重ならないようにしておき、3分ほど焼いてタイマーを止め、そのまま1分余熱。焦げないように注意。

●ふりかけを作る

オーブントースターに何も入れずに5分ほど加熱し、タイマーを止め、オーブンシートを敷いた天板に削り節とおぼろ昆布を適量ずつおき、1分ほど余熱で温めます。削り節とおぼろ昆布がパリパリッとなってきたら取り出して、粗熱がとれてから手でほぐして混ぜればOK。塩気が足りなければ塩で味を調え、ごま、桜えび、ぶぶあられなどを加えても。

●韓国のりを作る

まずはオーブントースターに何も入れずに5分ほど加熱。その間に、のりを食べやすい大きさに切って片面にごま油と塩を混ぜたものをスプーンの背で軽くぬっておきます。庫内がガンガンに熱くなったらタイマーを止め、オーブンシートを敷いた天板にのりをおき、1分ほど余熱で温めます。これで韓国のりの完成。

●湿気ったポテトチップスをパリッとさせる

オーブンシートを敷いた天板にポテトチップスを広げておき、1分ほど加熱します。加熱することで余分な水分が飛び、パリッとした感じが蘇ります。あったかチップスを頬張るのもまたおいしい。ポテトチップスのほか、タコス、クラッカーなども同様に。

●焼きさば寿司を作る

市販のさば寿司が残ってしまったときの、翌日のおいしい食べ方がこれ。オーブンシートを敷いた天板にさば寿司を並べ、2分ほど加熱すればできあがり。さばの脂がほどよく出て美味！ パサつきがちの〆さばとすし飯もおいしく食べられます。1品で2度おいしいレシピです。

●アイス最中がもっとおいしい

オーブントースターに何も入れずに5分ほど加熱し、タイマーを止め、オーブンシートを敷いた天板にアイス最中をおき、1分ほど余熱します。これで最中の皮はサクッと香ばしく、中のアイスクリームは冷めたいままなのにちょっぴり溶けてクリーミー。冷凍庫から出してすぐに食べるよりこの方が好き！ という声もあり。

●最中やたい焼きがもっとおいしい

オーブンシートを敷いた天板に最中やたい焼きをおき、1～2分加熱し、タイマーが止まってもすぐに出さず、さらに余熱で温めます。最中の皮はより香ばしくなり、たい焼きの皮はベタッとした感じがなくなって、アツアツのあんことの相性も2重丸。温泉まんじゅうやたこ焼きも同様に。

●庫内のにおい消しはこんな方法で

ペーパーフィルターで淹れたあとのコーヒーの粉をとっておき、オーブンシートを敷いた天板に広げ、2～3分加熱。または、レモン汁を絞ったあとのレモンをおいて2～3分加熱しても同じ効果があります。魚を焼いたときについてしまう庫内のにおい消しに最適。

キッチンにある材料から探すINDEX

［肉・肉加工品］

●合いびき肉
いきなりミートローフ　12
●鶏肉
鶏肉のマスタードマヨ焼き　10
鶏肉のコーンフレーク焼き　20
簡単タンドリーチキン　44
●豚肉
豚肉ロールのピリ辛みそ焼き　6
とんぺい焼き　14
豚肉ときのこの梅みそ焼き　36
なんちゃってチャーシュー　46
●ソーセージ
ブロッコリーとソーセージのクリームコーン焼き　16
ソーセージ＆レタスのトースト　56
●ベーコン
アボカドのチーズ焼き　29
油揚げのピザ　32

［魚介］

●えび
えびとブロッコリーのガーリック焼き　38
●鮭
鮭の梅マヨ焼き　11
鮭のチャンチャン焼き風　34
鮭＆オニオンのトースト　58
●さば
さばのねぎみそ焼き　8
●さわら
さわらのみそマヨ漬け焼き　49
●帆立貝柱
貝柱のカリカリパン粉焼き　22

［野菜］

●アスパラガス
アスパラのツナマヨソース焼き　19
●かぶ
かぶのじゃこドレッシング焼き　18
●かぼちゃ
かぼちゃのバターじょうゆ焼き　39
●きのこ
豆腐のとろろ焼き　17
きのこのチーズ焼きwithバゲット　31

鮭のチャンチャン焼き風　34
豚肉ときのこの梅みそ焼き　36
●キャベツ
とんぺい焼き　14
鮭のチャンチャン焼き風　34
●さつま芋
焼き芋りんご　74
●ししとう
さばのねぎみそ焼き　8
●じゃが芋
いきなりミートローフ　12
じゃが芋の即席グラタン　28
ポテトブレッド　67
●スプラウト
じゃこ＆スプラウトのトースト　59
●そら豆
焼きそら豆　43
●玉ねぎ
じゃが芋の即席グラタン　28
焼き玉ねぎの和風マリネ　52
鮭＆オニオンのトースト　58
●トマト
ざく切りトマトのチーズ焼きwithご飯　26
●長芋
豆腐のとろろ焼き　17
薄切り長芋のチーズ焼き　30
●長ねぎ・万能ねぎ
さばのねぎみそ焼き　8
なんちゃってチャーシュー　46
●なす
焼きなす　42
●ニラ
豚肉ロールのピリ辛みそ焼き　6
●にんじん
にんじんブレッド　66
●にんにく
えびとブロッコリーのガーリック焼き　38
ホクホクにんにく＆にんにくディップ　40
●ピーマン
油揚げのピザ　32
焼きピーマンの南蛮漬け　50
●ブロッコリー
ブロッコリーとソーセージのクリームコーン焼き　16
えびとブロッコリーのガーリック焼き　38

●レタス
ソーセージ＆レタスのトースト　56

[大豆製品]
●豆腐
豆腐のとろろ焼き　17
●厚揚げ
厚揚げのおかか焼き　25
●油揚げ
油揚げのピザ　32

[フルーツ]
●アボカド
アボカドのチーズ焼き　29
●バナナ
バナナブレッド　64
焼きチョコバナナトースト　72
●りんご
焼き芋りんご　74

[冷蔵庫の常備品]
●じゃこ
かぶのじゃこドレッシング焼き　18
じゃこ＆スプラウトのトースト　59
●ちくわ
ちくわのカレー風味パン粉焼き　23
●チーズ
ざく切りトマトのチーズ焼きwithご飯　26
じゃが芋の即席グラタン　28
アボカドのチーズ焼き　29
薄切り長芋のチーズ焼き　30
きのこのチーズ焼きwithバゲット　31
油揚げのピザ　32
麩のピザ　33
ソーセージ＆レタスのトースト　56
鮭＆オニオンのトースト　58
じゃこ＆スプラウトのトースト　59
チーズブレッド　62
プチピザ　75

[キッチンのストック品]
●おぼろ昆布
プチピザ　75
●クリームコーン缶

ブロッコリーとソーセージのクリームコーン焼き　16
●小麦粉
フォカッチャ風ブレッド　60
チーズブレッド　62
バナナブレッド　64
にんじんブレッド　66
ポテトブレッド　67
うそのメロンパン　70
●桜えび
麩のピザ　33
●ツナ缶
アスパラのツナマヨソース焼き　19
●麩
麩のピザ　33
●フルーツ缶
パンプディング　68
●焼きのり
じゃこ＆スプラウトのトースト　59

[市販品]
●カステラ
すぐにラスク　73
●コーンフレーク
鶏肉のコーンフレーク焼き　20
●ぎょうざの皮
プチピザ　75
●刺し身
刺し身のローズマリー漬け焼き　48
●ポテトサラダ
ポテサラのおかか焼き　24

[ご飯・パン]
●ご飯
ざく切りトマトのチーズ焼きwithご飯　26
こんがりおにぎり　54
●パン
きのこのチーズ焼きwithバゲット　31
ソーセージ＆レタスのトースト　56
鮭＆オニオンのトースト　58
じゃこ＆スプラウトのトースト　59
パンプディング　68
うそのメロンパン　70
焼きチョコバナナトースト　72

奥薗壽子（おくぞの・としこ）
ナマクラ流ズボラ派家庭料理研究家。「イイカゲン、テキトーに作っている」にもかかわらず、実生活から生まれるレシピはどれも理にかなっているものばかり。その味はおいしくてヘルシー。余分なことをしないシンプルさもウケている理由。テレビ、雑誌、講演、料理教室などでも活躍中。

STAFF

出版プロデュース	伊藤 剛（Sony Magazines）
編集	松原京子
撮影	木村 拓
スタイリング	広沢京子
アートディレクション	富永 寿
デザイン	菊田智代（富永デザイン事務所）

オーブントースターで早ワザ料理

2004年7月20日　初版第1刷発行

著　者　奥薗壽子
発行者　三浦圭一
発行所　株式会社ソニー・マガジンズ
　　　　〒102-8679　東京都千代田区五番町5-1
　　　　電話 03-3234-5811（営業）
　　　　　　 03-3234-5122（編集）
印刷所　図書印刷株式会社

©2004 Toshiko Okuzono　©2004 Sony Magazines Inc.
ISBN4-7897-2288-0
Printed in Japan

乱丁、落丁本はお取り替えいたします。
http://www.sonymagazines.jp